AF403755

DISCOURS

A

TROIS JEUNES HAÏTIENS

RÉCEMMENT COURONNÉS

AU GRAND CONCOURS DE LA SORBONNE.

PRIX D'HONNEUR EN RHÉTORIQUE,
PREMIER PRIX DE THÈME GREC, ET UN ACCESSIT EN THÈME LATIN.

Discours lu, le 12 août 1858, dans un banquet, offert à ces trois jeunes lauréats.

Marche, ô mon pays !..

PARIS

IMPRIMERIE DE MOQUET

92, rue de la Harpe

1858

A l'occasion du prix d'honneur remporté à la Sorbonne par un de mes compatriotes, et d'autres nominations obtenues au grand concours, et dans leurs colléges respectifs, par plusieurs autres jeunes gens de mon pays, un banquet fut spontanément organisé par tous les Haïtiens, résidant actuellement en cette ville : à ce banquet, destiné à *fêter* nos trois principaux lauréats, et à *encourager* nos jeunes compatriotes, encore au collége, à suivre l'exemple tracé par leurs camarades, s'unirent *cordialement* plusieurs *amis* d'Haïti, appartenant à la Nouvelle-Orléans, à Saint-Thomas, à la Basse-Terre, à l'île Maurice.

Heureux du beau résultat qui avait motivé cette fête, j'eus l'idée, malgré le temps court que j'avais devant moi, (puisque notre réunion devait se réaliser en 48 heures), de préparer une petite allocution pour cette solennité. J'éprouvais un besoin ardent de féliciter, en particulier, ces trois jeunes gens, à qui je porte une très vive amitié.

Cette allocution, d'abord uniquement conçue pour ce dernier but, prit *insensiblement,* sous ma plume, l'extension d'un long morceau... par la raison que je m'y laissai aller, comme naturellement, à parler de mon pays (chose toujours bien douce)! et de questions qui s'y rapportent.

Malgré la grande étendue de cet écrit, que je fus, en outre, *obligé* de lire, toutes les personnes qui composaient notre réunion, me firent l'honneur, et eurent la patience de m'écouter jusqu'au bout; elles poussèrent même leur bonté plus loin : dans l'enthousiasme occasionné par cette fête, toutes s'unirent en un vote *unanime* pour réclamer l'impression de ce qu'elles voulurent bien appeler « un discours. » Voilà donc comment, ce... discours, d'abord destiné à rester dans les seuls cœurs de ceux pour qui il avait été fait, franchit l'enceinte d'un banquet pour paraître au grand jour de la publicité, et devenir ainsi, passible du jugement de tous.

L. AUDAIN.

De Port-au-Prince,
(Haïti).

DISCOURS

A

TROIS JEUNES HAÏTIENS

COURONNÉS AU GRAND CONCOURS DE LA SORBONNE.

Lauréats, mes chers compatriotes,

Vous venez d'entendre bien des voix éloquentes et amies.

Vous venez de recevoir bien des félicitations méritées, bien des encouragements qui vous sont dus.

Vous avez recueilli, en dernier lieu, les paroles solides, bonnes, sincèrement patriotiques et véritablement paternelles de mon ancien maître, M. Pierre Faubert. Chacun de vous, je l'espère, s'en souviendra avec bonheur et orgueil.

Si après ce qui vous a été si bien dit par lui, et par tous ceux qui m'ont précédé, j'ose m'adresser à vous, en cette heureuse fête de famille, moins pour vous féliciter, peut-être, que pour vous donner quelques conseils, c'est bien uniquement, croyez-le, parce que mon cœur d'Haïtien sent le besoin de vous parler. Car, je n'y suis autorisé, je le sais, ni par mon âge, peu différent des vôtres, ni par des succès qui m'élèvent à votre niveau... et je pourrais ajouter (en ayant égard au pays où je me trouve et à la nature de mon auditoire), ni par mes *qualités spéciales,* si j'avais pu concevoir la prétention de vous faire un *discours.*

L'un de vous, Faubert, a occupé le rang d'honneur au grand concours de Paris, est sorti de ce concours, le premier *d'entre tous ;* le premier, entendez bien cela ! Le premier à Paris, où l'intelligence n'est pas chose rare, et où le travail n'est point, que je sache, considéré comme une merveille... Delva a remporté le premier prix de thême grec, et Dupuy, votre plus jeune camarade, a obtenu un accessit en thême latin.

Un pareil résultat est beau, mes amis, et chacun de vous a le droit d'en être heureux ; je dis mieux, doit en être fier ! car, ayant eu à lutter contre des rivaux nombreux, capables et sérieux, vous n'avez pu enlever la palme que par la force et la persévérance de votre travail... Notez bien, je vous en supplie, que je n'ai point dit *par votre intelligence.*

Je prise très haut l'intelligence, ce don précieux de la nature ; je comprends le juste bonheur de ceux à qui une large part en est échue ; je voudrais que le Ciel m'eût favorisé d'une de ces rares intelligences qui font l'admiration des hommes... Ainsi doué, j'eusse pu, *avec la volonté qui m'attache au travail,* être assuré ici bas d'une forte somme de jouissances, que je puiserais dans la satisfaction de mon amour-propre, dans le rôle que j'aurais rempli, en me dévouant à être utile, et dans les œuvres que je pourrais léguer, après moi, à la postérité. Mais, je ne peux, je ne saurais, néanmoins, je ne voudrais *jamais* accorder du mérite à un homme à cause de sa *seule intelligence* ; parce que l'intelligence est une qualité que nous apportons avec nous en naissant, un avantage attaché à notre nature, en dehors de notre participation, et dont, par conséquent, nous ne pouvons nous enorgueillir. Et combien d'hommes, Messieurs, gaspillent cette belle qualité qu'ils ont reçue, en négligeant de l'entretenir, en la laissant s'étioler, faute de culture!..

Le travail! le travail ! Ah ! oui, vantez-moi plutôt le travail ! Là seulement gît le vrai mérite, car là seulement, l'homme se révèle *actif*, devient un être *agissant*, fait intervenir sa *volonté*, la volonté sans laquelle, Messieurs, le titre, la qualité d'homme n'existent point.

Prenez deux hommes, jouissant d'une égale réputation, possédant chacun un brillant savoir, et dont l'un aurait été richement pourvu de facultés intellectuelles, tandis que l'autre n'en aurait eu qu'un lot relativement assez médiocre, n'est il pas vrai que vous trouveriez *juste et raisonnable* d'accorder plus de mérite à ce dernier, qui serait le fils de ses propres efforts ?

Travaillons donc, tous tant que nous sommes ; attachons-nous à travailler d'autant plus, que notre jugement a pu nous faire découvrir que nous sommes faiblement doués de *facilités premières*. Mes jeunes compatriotes, travaillez, travaillez, sans vous prévaloir de votre intelligence, sans vous préoccuper de la mesure de vos forces naturelles : soyez bien certains qu'un labeur âpre et soutenu ne manque jamais d'être *fructueux*, finit toujours par triompher, et peut suppléer, dans une certaine mesure, à ce qui fait défaut du côté de *l'intellect*.

Marchez sans relâche, sans découragement vers le *progrès* ; ne vous lassez pas d'alimenter votre esprit ; l'absence d'aliment *tue* le cerveau, le fait mourir d'inanition. — Piochez avec *feu* ;

une certaine ardeur est nécessaire dans le travail. Un travail sans chaleur suffit pour éclairer l'homme ; l'ardeur au travail est nécessaire pour *mûrir* la sève de l'intelligence, de même qu'il faut les chauds rayons du soleil pour mûrir les fruits de la nature. —Veillez soigneusement, je vous prie, à ce que ceux que vous venez de cueillir n'avortent pas! Prenez garde que vos succès ne restent stériles !... Vous avez fait un pas, un pas qui compte, certes ; mais quel chemin ne vous reste-t-il pas encore à parcourir, pour bien mériter des hommes, en général, et de votre pays, en particulier !

Vous ne savez pas encore *grand'chose* (pardonnez moi mon amicale franchise) ; non, vous ne savez pas grand'chose, en vérité.

L'homme a tant à apprendre ! Et vous n'êtes, vous, mes amis, qu'au début de votre carrière. — Ne vous laissez point emporter par un sentiment d'amour-propre, trop naturel chez quiconque reçoit des éloges qu'il a mérités ; évitez de vous endormir sur ce frais lit de couronnes, sur ces vertes couronnes qui ont ceint vos fronts *brûlés*, et soyez bien convaincus que vos lauriers se faneraient, et seraient vite oubliés, si vous n'aviez la précaution de les renouveler !

Vous avez tracé un bel exemple à vos condisciples, qui suivent actuellement les cours des divers collèges de France ; vous leur laissez une voie ouverte, qui peut conduire à de beaux résultats pour le bonheur et la gloire à venir de notre chère patrie. Haïti, mes bons amis, vous en remercie, et nous tous ici, qui la représentons à cette fête, nous vous embrassons de tout notre cœur... Mais, ne pensez pas qu'elle vous tienne quittes envers elle à si bon marché. Elle compte sur vous pour achever l'œuvre commencée ; et nous ne croyons pas vous flatter du tout, en vous prédisant que vous deviendrez *le cœur* de ce bienfaisant *noyau*, dont les pousses fertiles couvriront un jour tout notre pays ; — à la condition, ne l'oubliez point ! que votre ardeur ne s'attiédisse jamais !

Une autre conséquence heureuse de l'exemple donné par vous, la plus importante, la plus féconde de toutes, assurément, sera d'encourager les gouvernements de notre pays à augmenter le nombre de nos joûteurs, en envoyant en Europe, aux frais de l'État, un certain nombre de jeunes Haïtiens, pour leur instruction ; ou bien, à faire venir d'Europe, chez nous, des professeurs pour toutes les facultés de l'enseignement.

Il est à regretter que les diverses administrations qui nous ont régis jusqu'à ce jour, constamment occupées d'améliorations pressantes et de soins se rapportant, *bien entendu*, aux intérêts du pays, mais étrangers à cet objet, n'aient pu encore, malheureusement, réaliser cette bonne pensée *que chacune d'elles a eue*. Nous applaudirons de toute notre âme, à celle qui, la première, prendra l'initiative d'une si capitale mesure, en trouvant le moyen d'en concilier l'exécution avec les hauts besoins du bien public ; nos plus vives sympathies lui seront acquises, car la réalisation d'un pareil projet sera la *vie* de notre pays, et est l'un des vœux les plus constants et les plus ardents des patriotes sincères et éclairés.

— J'entends dire en cet instant, à côté de moi, que deux professeurs demandés par le gouvernement, sont déjà partis de France pour se rendre à Haïti : J'en félicite *cordialement* le gouvernement de Sa Majesté, et les personnages officiels qui l'y ont encouragée !

Qu'on n'avance pas que nos jeunes gens peuvent aussi bien s'instruire là-bas, sans le secours de maîtres étrangers, qui nous occasionneraient *inutilement* des frais énormes, puisqu'il faudrait les choisir parmi les *bons,* qui ne voudraient pas se déplacer sans une large et juste compensation ; qu'il est *dan-gereux*, en deuxième lieu, d'envoyer ses enfants si loin, en courant le risque de leur faire perdre leur temps, s'ils n'ont un grand attachement pour le travail, ou de voir leur cœur se *pervertir ;* ou bien, enfin, ce qui est non moins triste, perdre, au dehors, l'amour de la patrie : trois ordres d'arguments que j'ai souvent entendu invoquer par beaucoup de personnes, d'ailleurs sensées, de notre pays, qui veulent *que l'instruction et l'éducation des Haïtiens se fassent par des Haïtiens, et à Haïti même.*

Je vais entreprendre de démontrer à ces personnes qu'elles sont dans l'erreur, se trompent gravement, et ce ne me sera pas chose difficile, certainement.

Il y a, j'en conviens, à Haïti, un certain nombre d'esprits cultivés, d'hommes instruits, très capables, et tout aussi aptes que ceux que l'on appellerait d'Europe, à répandre l'instruction qu'ils possèdent, à faire, en un mot, *des élèves d'une certaine force...*

Mais, qui de nous, mes chers compatriotes, qui de nous, sin-cèrement, ignore que le nombre en est restreint, insuffisant, et qu'en outre, la plupart de ceux-là se vouent à une toute autre carrière qu'à celle de l'enseignement ?...

Que si, maintenant, ces personnes dont je parle, se refu-saient à reconnaître l'incontestable vérité que je viens de pro-clamer, je pourrais, alors, *à bon droit*, les soupçonner de nourrir certains préjugés *malheureux* au fond de leurs âmes, de tenir *systématiquement* à faire de *l'exclusion ;* et, je ne pourrais que les plaindre d'avoir de tels préjugés, dont la seule idée me chagrine et agite tout mon sang.

Nul homme, je m'en flatte, n'est moins que moi accessible à ce qui s'appelle « les préjugés, » considérés dans leur ensemble ;

nul autant que moi, je m'en honore, ne méprise certaines idées préconçues, qui ravalent l'espèce humaine. — Je me sens, pour mon compte, aussi étranger que possible, à n'importe quel préjugé ; j'éprouve notamment la plus invincible répulsion, le plus profond dégoût, pour cet inqualifiable préjugé, *de quelque côté qu'il se montre ;* pour cet infâme préjugé, honte, souillure, iniquité de notre dix-neuvième siècle..., j'ai nommé, messieurs, l'absurde préjugé de la *coloration de la peau.*

Qui oserait m'accuser d'avoir une telle faiblesse me ferait, assurément, la plus grave injure, et la peine la plus sensible, et qui voudrait entreprendre de me convaincre que j'y sacrifie, *si peu que ce puisse être,* aurait entrepris une forte partie contre moi.

Je rougirais, sur ma foi, d'avoir des préventions contre des hommes, mes semblables, uniquement parce que le hasard aurait placé dans l'épaisseur de leur derme une couche d'une certaine substance, de pigment, moins épaisse et moins répandue que celle qui me double ; parce qu'il les aurait fait naître sous une latitude différente de celle où j'ai pris naissance ; ou donné à leur visage une conformation différente de celle du mien, quelles que soient les raisons que l'on avance pour expliquer les différences physiques qui m'en séparent.

Je ne voudrais, non plus, avoir, *l'étroitesse de vue,* ni *la limite d'esprit* de ceux qui veulent, qu'en fait de lumières, nous n'ayons rien à devoir à l'étranger, par le seul motif qu'il pourrait nous être reproché, *un jour,* d'avoir emprunté ce que nous aurons acquis, et d'avoir été incapables de marcher par nous-mêmes.

Quel étrange et surprenant oubli de l'histoire, messieurs ! quel oubli profond de ce qu'elle nous a enseigné ! Et jusqu'où peuvent précipiter l'aveuglement de l'esprit de système, et un sen-

timent de défiance exagéré, résultat lui-même d'un patriotisme mal compris ! Comme si la civilisation actuelle s'était
faite en un jour, et par une seule race ou par une seule nation ! Comme si la vieille Gaule, par exemple, la Gaule barbare
d'autrefois, France aujourd'hui si justement fière de son haut
rang ; comme si la Gaule n'avait pas emprunté sa civilisation
aux Romains, et ceux ci aux Grecs ! Comme si, de notre temps
encore, les peuples ne continuent pas de se faire des échanges
réciproques de civilisation, ou de moyens civilisateurs, débordant
chez les uns, moins nombreux ou faisant défaut chez les autres !
Croyez-vous, par exemple, que la France n'ait rien à emprunter
à l'Angleterre, ni celle-ci à la France, bien qu'elles occupent toutes
les deux la tête de l'Europe, et ne pensez-vous pas que la Russie,
malgré ses serfs, aurait, au besoin, quelque chose à offrir à
à l'une et à l'autre ? — Comme si, enfin ! certaines conditions
dans lesquelles se sont trouvées placées telle nation, telle race
d'hommes ; certaines circonstances qu'il leur a fallu traverser,
ne peuvent *raisonnablement*, être invoquées, pour expliquer
comment cette nation ou cette race sont restées en arrière, et
pourquoi, elles ont besoin, pour marcher, de recevoir une impul-
sion qu'elles ne pourraient se donner elles-mêmes !

Ah ! je serais bien malheureux, Messieurs, que ce seul sentiment de ridicule orgueil, d'absurde rivalité de race, fermât
l'accès de mon pays, aux lumières, aux industries, aux arts
venus d'Europe ; et je craindrais, alors, avec raison, qu'on ne
nous accusât, justement, *et par notre propre faute*, de repous-
ser la civilisation, et même, de ne pouvoir y arriver, tant nos
progrès seraient lents, si nous étions livrés à nos seules res-
sources ! Je redouterais bien autre chose encore: que les nations
avancées ne s'unissent pour nous forcer à marcher. — Voyez
les événements actuels comme preuve de ce que j'avance. La
loi du siècle est le *progrès* ; et malheur à ceux, peuples ou in-

dividus, qui tenteraient de résister à cette loi ; ils seraient inévitablement emportés par le torrent de la civilisation !

Que nous importent, je vous le demande, fils de ma patrie, que nous importent les moyens qu'il nous faut mettre en usage pour montrer que nous sommes doués de *perfectibilité* comme les autres, et animés, autant qu'eux, du désir de nous améliorer ?

L'essentiel n'est-il pas de prouver que nous pouvons marcher à l'instar des races civilisées, constituer comme elles un corps de nation libre, indépendant, régi par ses propres lois, mais se rattachant à la civilisation européenne, comme à la plus avancée de toutes ; civilisation que nous devons suivre de plus ou moins près, sans avoir besoin de nous *transformer*, et tout en conservant, *au fond*, le caractère national qui nous est propre ?

Et comment prouverons-nous tout cela ? Est-ce en nous isosolant des pays européens, en persistant à écarter *systématiquement*, les lumières qu'ils offrent toujours avec tant de libéralité ? Est-ce en nous renfermant, en nous obstinant dans une défiance aveugle et non raisonnée ? Nous ne pensons, malheureusement, qu'à déclamer ! Nous perdons en déclamations le temps le plus précieux. Que fait-on avec des déclamations ? Montrez-moi donc, je vous prie, une cause qu'elles aient fait gagner, une seule question qu'elles aient éclaircie ? Songeons donc plutôt à accumuler des faits, car les faits seuls parlent, ont une valeur réelle.

Quand nous aurons un nombre suffisant d'hommes remarquables dans les lettres, les sciences, les arts, l'industrie, qui se révéleront à l'Europe par leurs ouvrages, ou par le bruit de leurs noms ; quand nous pourrons offrir l'exemple d'une nation engagée dans la voie sérieuse du progrès, jalouse de conserver son indépendance, *et faisant tout ce qu'il faut pour la conserver ;* quand on nous verra fermem ment attachés à cette civilisation européenne, parce que, comme je l'ai dit, elle est, actuellement, la plus avancée de toutes; quand on nous verra admettre librement chez nous, tous les hommes *de quelque nuance qu'ils soient*, qui viendront nous apporter leur génie ou leurs talents, *tout en nous rappelant les enseignements de l'histoire pour empêcher notre absorption, et par suite, notre anéantissement moral:* Quels préjugés pourraient encore subsister contre nous; quelle raison d'être resteraient à ces préjugés, si vous voulez bien réfléchir, un instant, au *sens* de ce mot? Le jugement qn'on aurait *d'avance* porté sur nous, ne serait-il pas infailliblement frappé de *nullité,* en présence de pareils faits?

Hé mon Dieu! ces préjugés dont nous nous entretenons, ces préjugés bien qu'existant encore actuellement, bien que devant, à mon avis, subsister longtemps encore (un préjugé *quelconque* ne se peut détruire en un jour, tout préjugé n'étant, souvent, qu'une *impression* qui a envahi l'esprit comme d'assaut, sans lui donner le temps de réfléchir; ou, d'autres fois, la conclusion de faits dont on s'est mal rendu compte) ces préjugés, bien que destinés, disions nous, à se maintenir longtemps encore, ne tendent-ils pas à diminuer partout, à s'amoindrir, à se rapetisser; n'en est-on pas même déjà entièrement revenu, depuis une certaine époque, sur les principaux points de l'Europe éclairée?

Voyez la France, voyez Paris surtout, sa grande capitale! Nulle trace du préjugé que nous déplorons, du préjugé que nous flétrissons:

Liberté entière pour nous, comme pour ses enfants de sang caucasien, et les visiteurs de la même origine; *égalité* en tous points; *droit* pour l'étranger, quelle que soit la coloration de son épiderme, d'arriver dans les sciences, les lettres, les arts, à n'importe quel honneur, à n'importe quel emploi, à la condition qu'il veuille consentir à prendre le titre de Français, qui ne lui est pas interdit par les lois de la France; *justice* pour *tous* dans la distribution des récompenses méritées, — l'intéressante mosaïque de jeunes compatriotes que nous fêtons en ce moment, n'en est-elle point une preuve remarquable? *Considération* dans les rapports officiels ; *aménité* dans les relations particulières ; enfin, omettrai-je de le dire, *accueil* toujours gracieux, toujours aimable des dames françaises, dont l'opinion et le jugement pèsent certes dans la balance... En tout cela, notre mérite, notre éducation, notre caractère, étant, comme pour tout autre, l'unique condition *d'admission et d'estime!*

Et, sans chercher si loin, n'avons-nous pas le bonheur de posséder ici, en ce moment, *sous nos yeux,* MM. Durand et Boistel, français de sang européen, homme savants et considérés, professeurs, l'un au lycée Bonaparte, l'autre au collège Rollin? MM. Durand et Boistel, dont les soins excellents et l'habile direction ont bien certainement contribué aux succès de nos lauréats, ne partagent-ils pas avec bonheur les joies de cette solennité; et, en venant assister au triomphe de leurs élèves, dont les cœurs se réjouissent encore de leurs cordiales sympathies, descendent-ils à s'inquiéter si ces élèves ont le front *basané, ou des taches brunes sur les ongles ?*

Voyez les États-Unis d'Amérique eux-mêmes (je ne mentionne pas la Grande Angleterre, qui a donné le branle au Char de l'émancipation); voyez les Etats-Unis, ce sol de l'esclavage, cette terre classique de l'iniquité et des préjugés d'épiderme! Nous y pourrons trouver bien des Yankees aux sentiments généreux et véritablement chrétiens (Rendons honneur aux Jeffersons et aux Franklins, inclinons nous, mes amis, devant les Beecher Stowe et les Channing), qui plaident en notre faveur; bon nombre de citoyens éminents, comme science, honneur, richesses, considération ; *beaucoup d'hommes officiels même,* qui ont rompu avec les idées de leurs pères, divorcé avec leurs préjugés, et qui nous traitent *humainement* aujourd'hui!

Considérez, je vous prie, la lutte qui s'est engagée à *propos de nous*, entre les Etats du Nord et ceux du Sud de l'Union américaine !

Voyons tous ces faits sous leur véritable jour ; pesons-les mûrement ; jugeons-les consciencieusement et sans passion, et nous serons *forcés* de répudier les préventions qui peuvent encore exister en nous, d'alléger nos cœurs des haines qu'ils pourraient encore nourrir ; nous serons contraints de nous débarrasser des vieilles idées que des défiances, fort légitimes à une certaine époque, nous avaient inspirées contre ce qu'alors, nous qualifiions, avec raison, *d'étrangers et d'ennemis.*

Ne voyons plus d'étrangers aujourd'hui, mes amis, ou plutôt, n'attachons pas à ce mot le même sens qu'autrefois ; usons-en simplement, à présent, pour indiquer la différence des pays, et non celle des hommes ; dans la grande famille humaine tous les hommes se ressemblent, sont frères, et il n'est point d'étrangers parmi eux : n'appliquons désormais ce *terme* qu'à tous les hommes, blancs, rouges, jaunes ou noirs, qui voudront rester *étrangers* au grand mouvement progressif de notre temps, en refusant *obstinément* de sortir de leur sommeil !...

Envoyons donc en toute confiance nos compatriotes en Europe ; ou décidons-nous à avoir, dans le sein de notre pays, des maîtres qui viennent d'Europe ; offrons à ceux qui consentiront à s'expatrier pour s'établir chez nous d'équitables dédommagements ; et, non contents de rémunérer largement les connaissances qu'ils nous apporteront, entourons-les de considération et d'égards ; faisons mieux encore, mes chers compatriotes ! ayons des tables d'inscription, des cadres d'honneur, où nous transcrirons en lettres glorieuses les noms de ceux qui n'auront pas fait uniquement le métier de nous vendre le pain

précieux de l'intelligence, mais se seront acquittés de leur mission, avec *conscience et dévouement.*

Point de défiance envers les hommes d'enseignement et d'industrie ; accordons-leur, au contraire, facilités et avantages ;
intéressons-les, attachons-les à notre patrie ; leur présence ne
nous nuira point : l'émulation *sert* le progrès, l'exemple *crée*
des prodiges.

Nulle défiance à l'égard *de tout ce qui est européen ;* nous
n'avons rien à craindre de ce côté, à la condition que nous ne nui-
sions point à la marche générale du progrès. Mais soyons en garde,
je le proclame hautement, je le prêche même, ici, comme un *devoir ;* soyons en garde, dis-je, contre un peuple voisin, qui con-
serve, à l'égard de notre race un préjugé si étrangement obstiné,
que, *seul,* il nous refuse encore le titre de nation indépendante,
que toute l'Europe nous reconnaît ! Oui, gardons nos préventions contre ce peuple ; non point, mes amis, entendez-le
bien, parce que les hommes qui le composent sont des *hommes
blancs,* mais parce qu'ils ne peuvent encore nous offrir la
moindre sécurité : à l'heure qu'il est, en effet, ne tiennent-ils
pas dans l'esclavage trois millions de nos frères, et ne gardent-
ils pas, à notre endroit, un invincible préjugé !

Contre un tel peuple, tenons-nous soigneusement en défiance ;
veillons sans cesse ! ayons, s'il le faut, recours à l'Europe ; j'ai
dit de la France et de l'Angleterre, pour opposer une digue à
leurs envahissantes prétentions.

La France et l'Angleterre nous offriront *généreusement* leurs
services ; les intérêts de ces deux grands pays sont, d'ailleurs,
étroitement liés aux nôtres dans la question qui nous préoc-
cupe. Leurs possessions des Antilles ne manqueraient pas, en
effet, de *tomber* avec nous, ou avec Cuba, cette autre proie si
vivement convoitée... Et la France et l'Angleterre, jalouses de
leur haute influence morale, entendent conserver leurs *moin-*

dres possessions, sur lesquelles l'aigle gaulois et le lion britannique veillent sans cesse, l'œil ouvert....

Considérez les manœuvres que ce peuple emploie, depuis, plusieurs années, pour s'*ancrer* dans la presqu'île de Samana, cette vaste clef des Antilles; voyez, je vous prie, tout ce qu'il a tenté pour réaliser *ce beau rêve !*

Contre ce seul ennemi, travaillons, mes amis, à nous agrandir, à devenir forts; forts au dedans, forts au dehors; ayons en vue,—ce n'est point une chimère!—ayons en vue d'arriver, *un jour*, à *contre balancer* leur puissance dans la mer des Antilles. Pour réaliser cette grande idée, rien ne nous manque : ni richesses ni étendue de sol; et notre sol, quand nous le voudrons, se couvrira d'une population suffisante pour le défendre, suffisante même pour nous faire respecter.

Mais, si ce qu'à Dieu ne plaise! avant que ce temps *souhaité* ne vienne, nous subissions quelqu'invasion de la part de ce peuple, soyons prêts à montrer que nous savons, au besoin, *contre nos ennemis du dehors*, retrouver notre ancienne valeur ; cette valeur, que nous donnèrent autrefois le sentiment et la volonté de notre indépendance, et qui nous assura une patrie au prix du sang de nos pères ! Soyons prêts à déployer ce même courage, cette même intrépidité dont ils nous ont donné l'exemple ; et si, malgré tous nos efforts, la fortune nous était contraire , que nul haïtien ne consente à survivre à l'asservissement de son pays ! Que chaque haïtien s'y attache, jusqu'au dernier instant; qu'il se *rive*, pour ainsi dire, au sol, et qu'il ne laisse aux envahisseurs que des cendres à recueillir !

J'arrive, maintenant, après une longue digression, au second argument posé contre l'envoi en Europe de jeunes gens haïtiens : On *craint qu'ils* n'y viennent perdre leur temps, risquer du moins à le perdre, ou corrompre leur cœur,

Pour concevoir une pareille crainte, s'est-on donné la peine *de se demander* comment aurait lieu l'envoi dont nous parlons? Vraiment, messieurs les opposants nous croient bien inexpérimenté! Comment n'ont-ils pas compris que ce choix de nos jeunes gens qui seraient envoyés en Europe, se ferait *par la voie du concours*; d'un concours qui aurait lieu tous les trois ou quatre ans, je suppose, suivant les besoins, *entre toutes les écoles du pays*; qu'on serait *sûr*, de cette manière, d'avoir des jeunes hommes laborieux, désireux de s'instruire, puisqu'ils auraient fait leurs preuves (quelle bienfaisante émulation une telle chose exciterait parmi nos jeunes gens)! Et d'ailleurs, toutes précautions ne seraient-elles point prises pour assurer le succès, pour atteindre le but? Le représentant du pays à l'endroit où seraient envoyés ces jeunes gens (à ce propos, je remarque avec *regret* l'absence en cette réunion d'un Personnage officiel d'Haïti, notre chargé d'affaires, malheureusement empêché par un motif puissant); notre chargé d'affaires n'aurait-il point pour mission *expresse* de surveiller la conduite générale des *élus*, de suivre leurs études, et de tenir *officiellement* le pays au courant de tout ce qui les concerne, au moyens de rapports qui seraient *insérés dans notre Moniteur?* Quel jeune homme voudrait y voir citer son nom avec déshonneur, et donner une telle affliction à sa famille?

Est-ce qu'en outre, et comme contre-poids, il ne serait pas facile au gouvernement d'instituer des encouragements *éclatants* propres à récompenser le travail, et à stimuler l'ardeur de ceux qui, dans le cours, de leurs études, ou dans *quelque branche que ce soit* (car les études littéraires achevées, il faudrait faire suivre différentes carrières à ces jeunes gens), se seraient distingués de manière à mériter ces encouragements?

J'aborde le troisième argument : Crainte de perversion morale pour ces jeunes gens !

Il n'y a qu'un instant, Messieurs, nous nous entretenions *de préjugés*; en voilà un qu'un certain nombre de personnes, d'ailleurs sensées, de mon pays, conservent encore ! Elles croient, de très bonne foi, que la corruption est à son summum en Europe, que l'Européen, considéré même individuellement, est doué de « moins de cœur, de sentiments moins bons que nous. » Ah ! sur ce point, je voudrais que l'on se contentât simplement de me croire sur parole, de s'en rapporter à ma propre expérience, et de prendre pour exemples, tous nos compatriotes, qui autrefois, ont fait un long séjour en Europe; et en outre tous ceux qui y font leur études actuellement ; je voudrais de plus que comme moi, ces personnes eussent eu le bonheur de vivre huit années à Paris, ce redoutable foyer de corruption, ce mortel foyer, si souvent accusé ; je suis persuadé qu'elles reconnaîtraient bien vite l'erreur de cette double assertion.

Nous voici, enfin, à la dernière cause d'opposition, laquelle, à mon avis, aurait une forte valeur, si elle pouvait se soutenir :

Refroidissement de leur patriotisme; détachement du sol natal !

Oh ! sur ce point si grave, soyez sans inquiétude, croyez moi, et rassurez-vous bien vite ! Ce n'est jamais au sein d'Anglais ou de Français, et d'Européens en général; qu'on peut risquer d'apprendre, à oublier, ou à mépriser son pays !

Et, comme autre preuve, preuve à considérer, j'imagine, du manque entier de fondement d'une telle crainte, vous semble-t-il, dites le-moi, mes amis, vous semble-t-il que j'aie *un peu* oublié mon pays ?

Chers Lauréats, je voudrais encore, à l'occasion de vos brillants succès, parler de certaines idées regrettables qui ont cours dans notre pays parmi bon nombre de nos chefs de famille ; je voudrais, en votre présence, examiner ces idées : j'entends l'espèce de *déconsidération* qu'ils font peser sur les études grecques et latines. Bien des pères, là-bas, en apprenant *la nature de vos succès*, tout en vous félicitant vivement, regretteront, j'en suis sûr, qu'ils n'aient point porté sur des matières plus utiles, *à leur avis*, et ne comprendront pas assez tout le prix qu'on attache *ici* à vos lauriers. Ces idées sont malheureuses ; malheureuses, par la raison qu'elles peuvent avoir pour résultat *fâcheux* de détourner nos jeunes gens de ces études sérieuses, en portant leurs pères à les en dégoûter de bonne heure, par la manière dont ils les envisagent à leurs yeux. Et quelles sources précieuses, cependant, de connaissances utiles, de connaissances solides et fécondes !

Et quelles jouissances, pourtant, de pouvoir *soi-même* puiser dans les anciens, sans recourir à des interprètes plus ou moins fidèles ! Quel bonheur de pouvoir lire, sans intermédiaire, dans les pages qu'ils ont laissées, leur histoire, leurs mœurs, leurs pensées, les détails les plus intimes de leur vie !

Et, sans m'attacher vis à vis de ces pères de famille à des raisons aussi élevées, pour les engager à permettre à leurs enfants la culture des langues mortes, à leur en inspirer même le goût ; qu'il me suffise de dire à ceux qui destineraient leurs fils à la médecine ou au droit, que ces connaissances dont nous parlons seraient indispensables à ces derniers. Avant d'aborder cette double carrière, et beaucoup d'autres encore, un baccalauréat doit être préalablement passé ; et le grec et le latin constituent une partie importante, sinon la plus considérable de ce baccalauréat.

Je tremble, (mais non !) que la révélation que je viens de

leur faire ne détermine quelques-uns d'entre eux à élever *simplement* leurs enfants pour le commerce, chose bien plus *positive*, bien plus *profitable* que la lecture d'Homère ou que celle de Virgile.

... Qu'ils y prennent bien garde ! Il nous faut certes des commerçants instruits, des hommes versés dans l'art honorable du commerce ; il nous faut, en outre, des agriculteurs savants et pratiques : oui, il nous faut surtout des agriculteurs, car là surtout, vous le savez, résident les richesses, la vie de notre pays!

Mais il nous importe beaucoup aussi d'avoir des hommes de lettres, des hommes de science *pure*, ceux-là qui précisément ne sont pas en nombre suffisant actuellement ; il nous faut, en outre, des hommes de sciences spéciales, de sciences *appliquées*, pour des besoins d'une importance première. Une nation quelconque, à mon sens, n'est véritablement *grande* que quand elle peut, à côté d'un commerce d'une remarquable extension, d'immenses richesses de sol, étaler les produits de l'intelligence et du travail moral des hommes qui en font partie.

Renoncez donc à l'erreur que je combats en ce moment, renoncez à toutes celles dont j'ai parlé, Haïtiens, qui aimez votre patrie, pères qui affectionnez vos enfants, qui êtes soucieux de leur avenir !

Envoyez-les en Europe recevoir une instruction complète, et surtout évitez d'en vouloir faire des demi-savants ! Hâtez-vous, de grâce ! Le temps s'en va, nous vieillissons pour mourir, nos fils grandissent. Vos fils grandissent..., ils grandissent, compatriotes, ces enfants de vos cœurs, et leur esprit demeure stérile, et leur cerveau ne reçoit rien !...

Et maintenant, mes jeunes amis (je vous ai appelés ainsi tout le temps, en oubliant mon âge; mais ce terme est d'amitié), et maintenant, chers et dignes lauréats, que je vous demande pardon de vous avoir si longtemps mis de côté, et d'avoir paru vous oublier, vous, les dignes héros de cette fête nationale; pardonnez-moi de vous avoir laissés un instant au milieu de vos lauriers, pour m'entretenir d'objets, qui peut-être, vous ont semblé étrangers à ce jour. Combien vous vous tromperiez cependant, si vous vous avisiez de le croire !

Notre patrie vous serait-elle donc étrangère, et en vous entretenant d'elle, n'était-ce pas vous entretenir de vous-mêmes ?...

Et si les paroles que vous venez d'entendre font quelque bien là-bas; si elles sont appréciées par mes compatriotes, comme elles méritent de l'être; si j'ai le bonheur d'être bien compris de *tous*; si ma voix, en parvenant aux oreilles des jeunes Haïtiens qui étudient ici en ce moment, frappe leur esprit, anime leur ardeur, réchauffe leur zèle; si quelques-uns d'entre eux, entendant mes conseils, parviennent, comme vous, à de brillants succès, c'est à vous, mes chers amis, que je devrai tant de bonheur, et c'est vous que j'en remercierai.

Venez, à présent, lauréats; venez, mes jeunes compatriotes, il me tarde de vous embrasser autrement que par mes paroles ; chacun de ceux qui me font l'honneur de m'écouter ici, brûle que j'aie fini, pour vous serrer sur leur cœur !

. . . .

. . . .

Que cette cordiale manifestation de notre sympathie vous soit douce; que cette récompense offerte avec tant de bonheur, vous soit à jamais précieuse et mémorable; car, elle vous est donnée *par nous*, au nom de tout le pays, et par vos excellents professeurs, au nom de tous vos condisciples, de vos rivaux même !